CB137816

4

ENSINO FUNDAMENTAL

ZIGUE-ZAGUE

Caligrafia

editora scipione

editora scipione

Direção Presidência: Mario Ghio Júnior
Direção de Conteúdo e Operações: Wilson Troque
Direção editorial: Luiz Tonolli e Lidiane Vivaldini Olo
Gestão de projeto editorial: Tatiany Renó
Edição: Juliana Ribeiro Oliveira Alves e Sheila Tonon Fabre
Planejamento e controle de produção: Patrícia Eiras e Adjane Queiroz
Revisão: Hélia de Jesus Gonsaga (ger.), Kátia Scaff Marques (coord.), Rosângela Muricy (coord.), Ana Paula C. Malfa, Luiz Gustavo Bazana; Amanda T. Silva e Bárbara de M. Genereze (estagiárias)
Arte: Daniela Amaral (ger.), Erika Tiemi Yamauchi (coord.), Karen Midori Fukunaga (edição de arte)
Diagramação: Karen Midori Fukunaga
Iconografia e tratamento de imagem: Sílvio Kligin (superv.), Claudia Bertolazzi (coord.), Fernando Cambetas (pesquisa iconográfica), Cesar Wolf e Fernanda Crevin (tratamento)
Licenciamento de conteúdos de terceiros: Thiago Fontana (coord.), Liliane Rodrigues e Angra Marques (licenciamento de textos), Erika Ramires, Luciana Pedrosa Bierbauer, Luciana Cardoso Sousa e Claudia Rodrigues (analistas adm.)
Ilustrações: Ilustra Cartoon
Design: Gláucia Koller (ger.), Erik Taketa (proj. gráfico) e Talita Guedes (capa)
Ilustração de capa: Kittikiti/Shutterstock

Avenida das Nações Unidas, 7221, 1º andar, Setor D
Pinheiros – São Paulo – SP – CEP 05425-902
Tel.: 4003-3061
www.scipione.com.br / atendimento@scipione.com.br

Dados Internacionais de Catalogação na Publicação (CIP)

Zigue-zague caligrafia 4º ano / obra coletiva. - 3. ed. - São Paulo : Scipione, 2019.

Bibliografia.
ISBN: 978-85-474-0206-8 (aluno)
ISBN: 978-85-474-0247-1 (professor)

1. Caligrafia (Ensino fundamental).

2019-0077 CDD: 372.634

Julia do Nascimento - Bibliotecária - CRB - 8/010142

2020
Código da obra CL 742235
CAE 648178 (AL) / 654562 (PR)
3ª edição
3ª impressão

Impressão e acabamento: Bercrom Gráfica e Editora

Uma publicação SOMOS EDUCAÇÃO

APRESENTAÇÃO

Nesta coleção, apresentamos atividades agradáveis e bem variadas para você dominar os movimentos necessários no traçado do alfabeto e dos numerais e desenvolver sua coordenação.

Para incentivar a caligrafia, escolhemos diversos tipos de texto encontrados no dia a dia: poesias, quadrinhas, canções, parlendas, cantigas de roda, informações publicadas em jornais e palavras em dicionários. Também incluímos brincadeiras, como cruzadinhas, diagramas, cartas enigmáticas, adivinhas, liga-pontos.

Esperamos que goste e se divirta bastante!

Os autores

Os textos sem referência são autorais.

SUMÁRIO

Alfabeto

Monkey Business Images/Shutterstock

O que é, o que é:

1. Que está no meio do ovo?
2. Que fica no meio do rio?
3. Que tem dois na Terra e nenhum na Lua?
4. Que o homem tem e a mulher não?

Da tradição popular.

Copie o alfabeto, bem caprichado.

Aa Bb Cc Dd Ee Ff Gg

Hh Ii Jj Kk Ll Mm Nn

Oo Pp Qq Rr Ss Tt Uu

Vv Ww Xx Yy Zz

1. A letra **v**. 2. A letra **i**. 3. A letra **r**. 4. A letra **o**.

Observe as frutas. Depois escreva o nome de cada uma delas em ordem alfabética.

abacaxi

manga

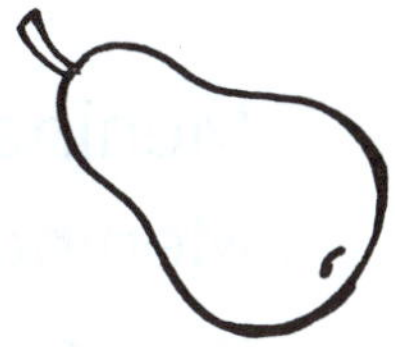

pera

romã

banana

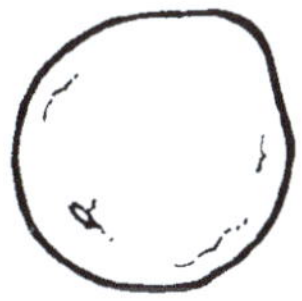

goiaba

uva

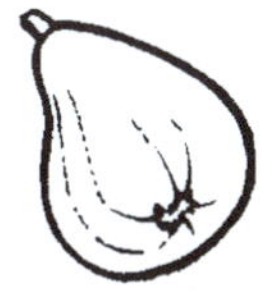

figo

cereja

damasco

nectarina

limão

Vogais e encontros vocálicos

Começando com as vogais,
lá vai: a, e, i, o, u!
Estas letras são as tais,
importantes para chuchu!

Menina acaba com "a".
Menino acaba com "o".
Isso é fácil de notar.
Você logo reparou.

Evelyn Heine

Jacek Chabraszewski/Shutterstock

Copie.

Aa Ee Ii Oo Uu

arara

óculos

edifício

uva

iate

Leia o poema e escreva nas linhas as palavras que têm encontro vocálico sem repeti-las. Depois, faça uma ilustração para o poema.

Neste ano eu vou à praia.
Neste ano eu fico na serra.
Meus dias serão longos.
Será longa a minha espera.
O mar sobe a montanha.

Desce a montanha ao mar,
com flores sobre as ondas.
Farfalham jacarandás.
Meu amor, de maré cheia.
Meu amor, de espumas do mar.

Sérgio Capparelli

al

el

il

ol

ul

Gts/Shutterstock

O Sol é a estrela que está no centro do Sistema Solar. Todos os planetas giram ao seu redor. Sem a luz e o calor que o Sol emite, não haveria vida na Terra.

Copie.

Depois do almoço,

Elza assistiu a um filme

e Aldo foi jogar futebol

no quintal com Raul.

Copie o texto, completando-o com as seguintes palavras:

Brasil automóvel

Em seu , Olga já

viajou por todo o .

Copie.

animal papel

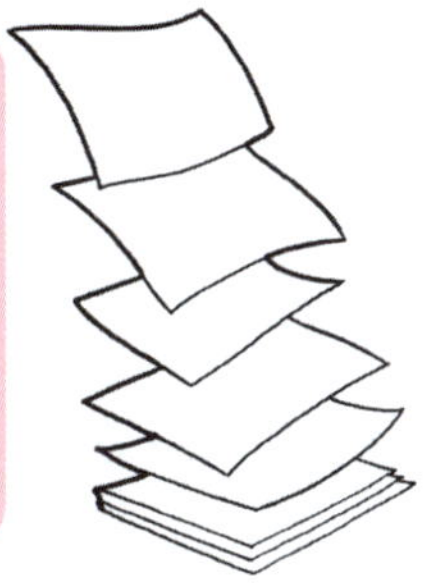

filme calçada

bl cl fl gl pl tl

Foi na loja do Mestre André
Que eu comprei um pianinho,
Plim, plim, plim, um pianinho.
Ai olé, ai olé!

Foi na loja do Mestre André
que eu comprei uma flautinha,
Flá, flá, flá, uma flautinha.
Plim, plim, plim, um pianinho.
Ai olé, ai olé!

Da tradição popular.

Copie.

Glória toca flauta; Clarice

toca piano. Hoje elas vão se

apresentar para uma grande

plateia no Teatro Atlanta.

Copie.

O professor Pablo diz que elas

são talentosas e aplicadas.

planeta | atleta

flor | blusa

globo | Clara

h

Oitava letra e sexta consoante do nosso alfabeto (O **H** não representa som em palavras como "helicóptero" e "homem", mas forma dígrafos com **ch**, **lh** e **nh**, como em "macho", "molho" e "linho").

Adaptado de: **Dicionário da Língua Portuguesa ilustrado**. São Paulo: Saraiva, 2010. p. 531.

Copie.

Hugo adora histórias de

super-heróis. Hoje, às 3 horas,

ele e Helena vão assistir ao

filme do Homem-Aranha.

Escreva o nome das figuras. Depois crie uma pequena frase usando uma das palavras.

Spiroview Inc/Shutterstock

Paul Prescott/Shutterstock

Nitr/Shutterstock

Dmitry Skutin/Shutterstock

HUANG Zheng/Shutterstock

COLUMBIA PICTURES/
Album/Fotoarena

lh

Gota de orvalho
Na folha do galho
Folha e orvalho
O sol brilha
Na folha do galho
Sol no orvalho da folha
Brilhante na folha e no orvalho

Nery Reiner

Copie.

Duda molhou o canudo de

palha em água com sabão

e soprou: milhares de bolhas

subiram bem alto, além

dos telhados vermelhos.

ilha

mulher

olho

colher

milho

pilha

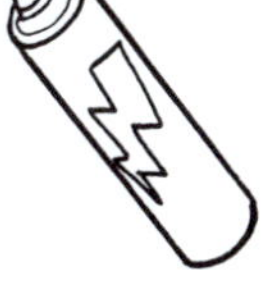

am

em

im

om

um

Alecrim, alecrim dourado
que nasceu no campo
sem ser semeado.

Foi meu amor
quem me disse assim
que a flor do campo
é o alecrim.

Da tradição popular.

tomertu/Shutterstock

Copie.

O alecrim é um arbusto com
folhas muito cheirosas. Ele é
usado como tempero e também
para fabricar perfumes.

Copie as frases, completando-as com as palavras do quadro.

aipim	viagem	lembro
tombo	jardim	

Alguém se lembra daquela

de carruagem?

— Eu me ________, sim. Pegamos

friagem, comemos ________

e levamos um ________ no ________.

am

em

im

om

um

Amanda
come almôndegas.
O marimbondo
ronda e ronda
quer picar
o bumbum redondo
de Amanda.
[...]

Dilan Camargo

Agora, leia outro trecho do poema "Amanda e o marimbondo" e copie-o.

Quando o marimbondo
ataca seu bumbum redondo
só se ouve o estrondo
da mão de Amanda.

O marimbondo foge tonto [...]

não sabe onde

se esconde.

O que os elefantes estão fazendo? Para descobrir, ligue os pontos seguindo os números.

nh

Bigodinho,
passarinho,
tem um ninho.

Pode
ter um ninho,
pode.

Só não pode
ter bigode
o bigodinho.

Sidónio Muralha

Copie.

Passarinho bonitinho,

de onde vem,

pra onde vai

tão sozinho?

Chapeuzinho Vermelho está chegando à casa da vovozinha.

Na cena há várias figuras cujo nome tem **nh**. Escreva nas linhas a seguir os nomes que encontrou.

Brincando com as palavras

- Observe as imagens e descubra as adivinhas, depois escreva as respostas.

Africa Studio/Shutterstock

Maks Narodenko/ Shutterstock

Ienetstan/Shutterstock

Artistas/Shutterstock

Tem os dentes em cima do corpo e a roupa em cima dos dentes.

Caminha com os pés na cabeça.

Tem dente, mas não come; tem barba, mas não é homem.

Na água nasci, na água me criei.

Porém, se me botarem na água, na água morrerei.

Aaron Amat/Shutterstock

Pavels Arsenjans/Shutterstock

Fabio Colombini/
Acervo do fotógrafo

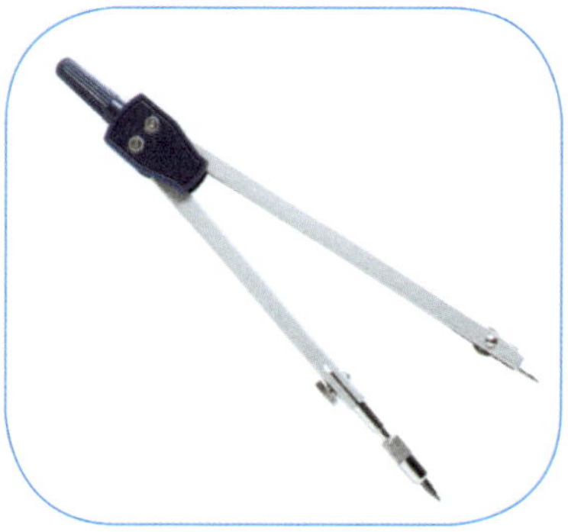
Olga Popova/Shutterstock

Só fica alegre quando apanha.

Tem pernas compridas e deixa rastro redondo.

Tem cabeça de ferro, barriga de vidro e tripa de arame.

Qual é a fruta que está na camisa?

ch

Chove chuva miudinha
Na roseira do caminho
Chove no charco
Chove no barco
Chove chuva miudinha
Molha a folha
Molha a relva e a roseira do caminho
Chove chuva miudinha
Chove no barco do charco
Que procura seu caminho

Nery Reiner

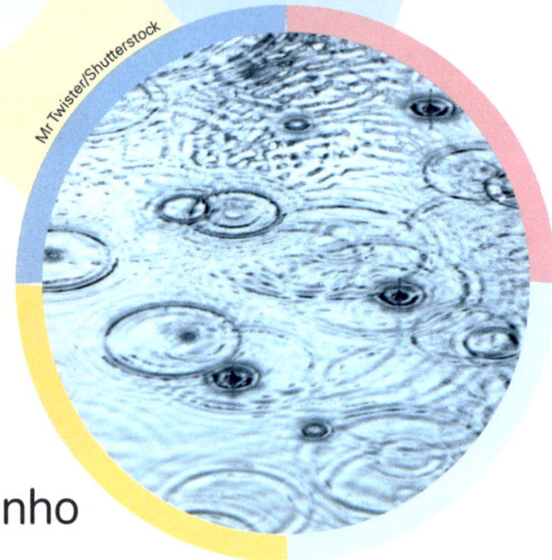

Copie.

A chuva encheu a rua e
me encharcou todinha. Que
chateação! Ainda bem que
eu estava usando galochas.

Complete o diagrama e depois escreva as palavras nas linhas.

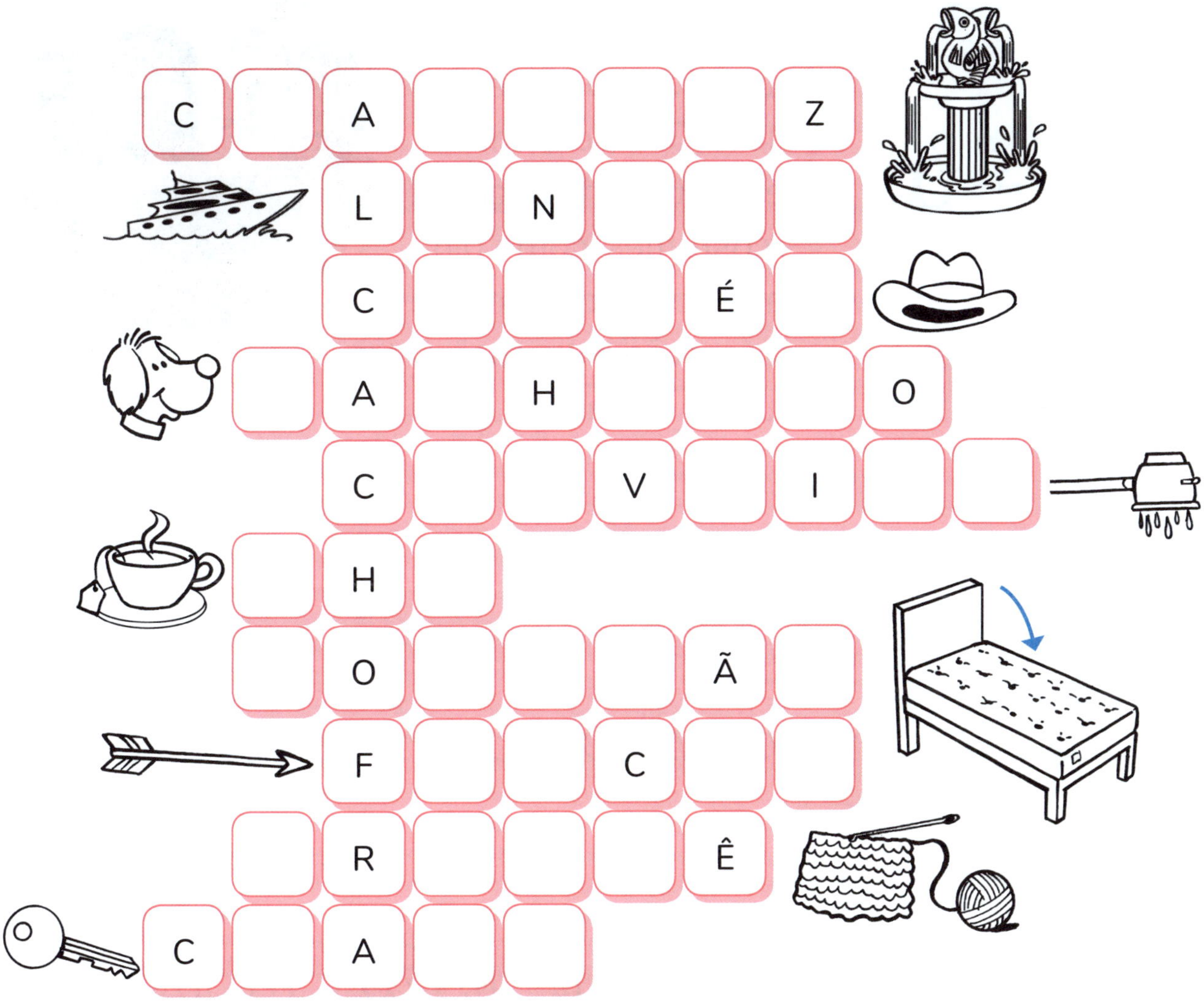

ch – x

Os Xavante são um povo indígena forte que vive no leste de Mato Grosso e mantém muitas tradições e costumes, como pintar o corpo com jenipapo, carvão e urucum, entre outras coisas.

Renato Soares/Pulsar Imagens

Copie.

Para me deixar com medo,

Chico disse que, na sala, havia

uma bruxa tomando uma

xícara de chocolate.

Complete as palavras com **ch** ou **x**. Depois, escreva-as nas linhas.

___ imarrão

me ___ erica

___ u ___ u

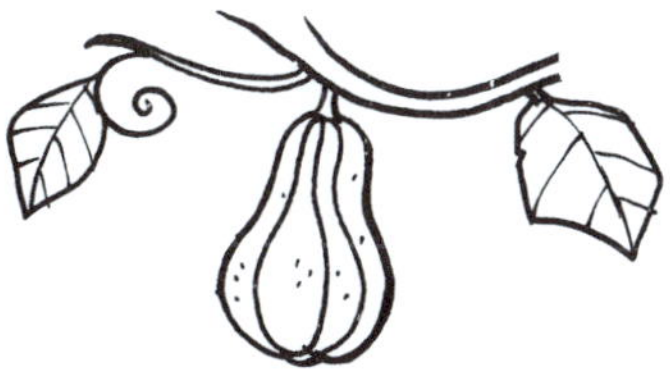

___ iclete

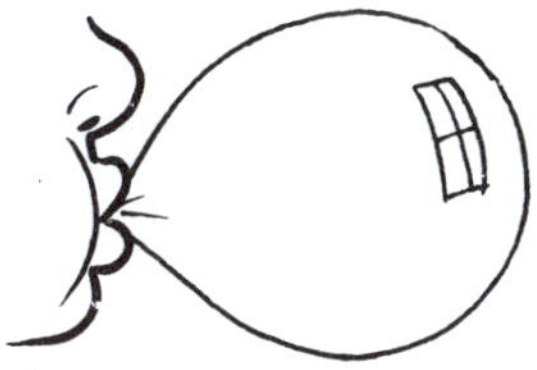

pei ___ e

rou ___ inol

cai ___ ote

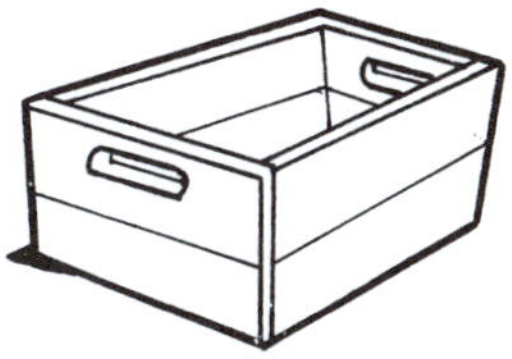

mo ___ ila

ge

gi

O mágico sacode a tigela.
Da tigela ele tira bolo gelado
e copo de gemada.
[...]
O mágico agita a vareta.
Da tigela pula gelo picado
e bala de melado.

Sonia Junqueira

Copie.

Gegê é um mágico genial.

Ele agita a varinha mágica

e tira geleia e gelatina

de seu chapéu.

Descubra as palavras substituindo o ■ por **ge** ou **gi**. Depois, escreva-as nas linhas.

■rafa

ferru■m

ima■m

al■ma

en■nho

■gante

■ografia

■ncana

má■co

ima■nação

gue

gui

A guitarra elétrica é um instrumento de cordas dedilháveis semelhante ao violão, e seu som é ampliado eletronicamente. As guitarras elétricas surgiram na década de 1930 e têm forma e tamanho variáveis. Seu corpo geralmente é sólido (o corpo do violão é oco), mas há também guitarras de corpo oco e corpo semioco. É um instrumento muito importante em vários gêneros musicais populares, como **rock**, **reggae**, **jazz**, etc.

Dmitriy_Tsyupa/Shutterstock

Copie.

Esgueirando-se pela parede,

o caracol subiu até a sala

onde Guilherme tocava guitarra.

— Ufa, cheguei!

Complete a cruzadinha e, depois, escreva as palavras nas linhas.

que

qui

Eu nasci pequenininho
do ovo que a mamãe botou.
Cresci e fiquei moleque,
voando de flor em flor.
E vou pondo meu biquinho,
que é também pequenininho,
no miolinho da flor.

Yara Najman

Steve Byland/Shutterstock

Copie.

Quinta-feira eu vi um

beija-flor bem pequenino no

quintal. Parecia que ele estava

quietinho, suspenso no ar.

Como ele consegue ficar

daquele jeito?

Para saber a resposta, leia o texto. Depois, pinte a figura e escreva nas linhas a informação que você achou mais interessante.

Graças a seus músculos especiais para voo, o beija-flor pode bater as asas mais de 70 vezes por segundo. É por isso que ele consegue ficar suspenso no ar, como se estivesse parado.

Em sua maioria, os beija-flores são pássaros muito pequenos. O menor passarinho que existe é uma espécie de beija-flor que vive em Cuba. Os adultos têm apenas seis centímetros de comprimento.

O beija-flor, que também se chama colibri, alimenta-se do néctar das flores e de insetos.

rr

Este pequeno regato
Nasceu mesmo agorinha,
Logo ali na mina d'água,
Logo ali naquela serra.

Veio descendo o morro,
Veio rolando nas pedras.
Vai carregando tudo:
Folhas, galhos e terra.

Yara Najman

Luciana Whitaker/Pulsar Imagens

Copie.

O rio Tietê não morre no mar.

Ele nasce na serra, corre para o

interior do estado de São Paulo

e deságua no rio Paraná.

Observe as figuras e encontre no diagrama as palavras correspondentes. Depois, copie a frase, completando-a com as palavras que você descobriu.

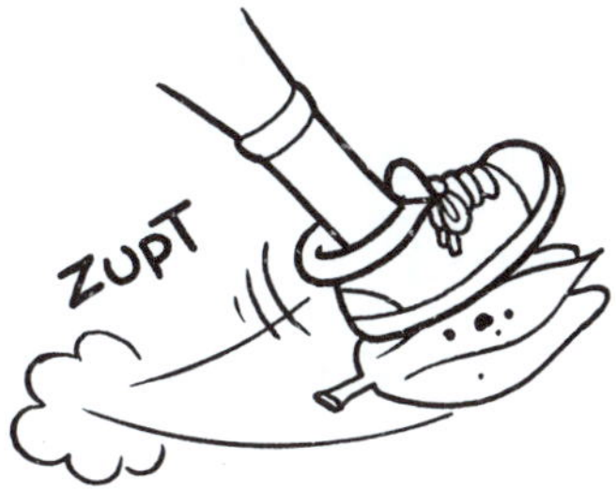

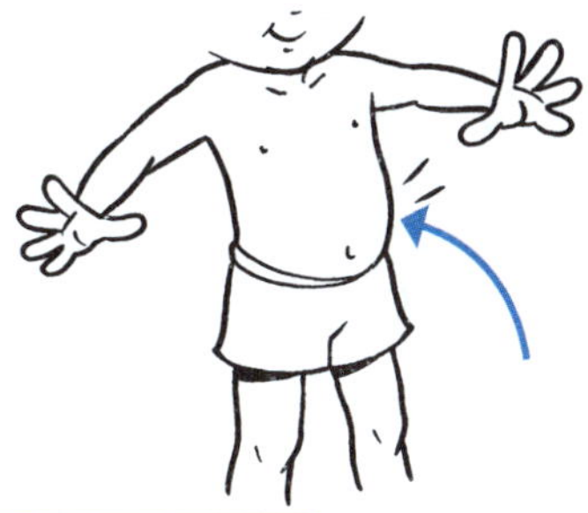

A	C	D	F	G	J	K	M	B	T
G	B	A	R	R	I	G	A	V	J
N	R	C	O	R	R	E	N	D	O
I	R	R	P	C	O	Z	R	M	C
E	S	C	O	R	R	E	G	O	U

Zeca desceu ______ a

rua, ______ e caiu

de ______ no chão.

r entre vogais

No planeta sujs,
ninguém toma banho.
O tempo passa,
o sol esquenta,
o suor vira nhaca,
o chulé aumenta.
Dentro das orelhas,
a cera vira crosta.
É um fedor,
mas todo mundo gosta.

Ricardo Silvestrin

Marcos Mesa Sam Wordley/Shutterstock

Copie.

A função principal das orelhas

é recolher os sons, que são

direcionados para o cérebro.

Desembaralhe as sílabas e escreva, nas linhas, as palavras que você formou.

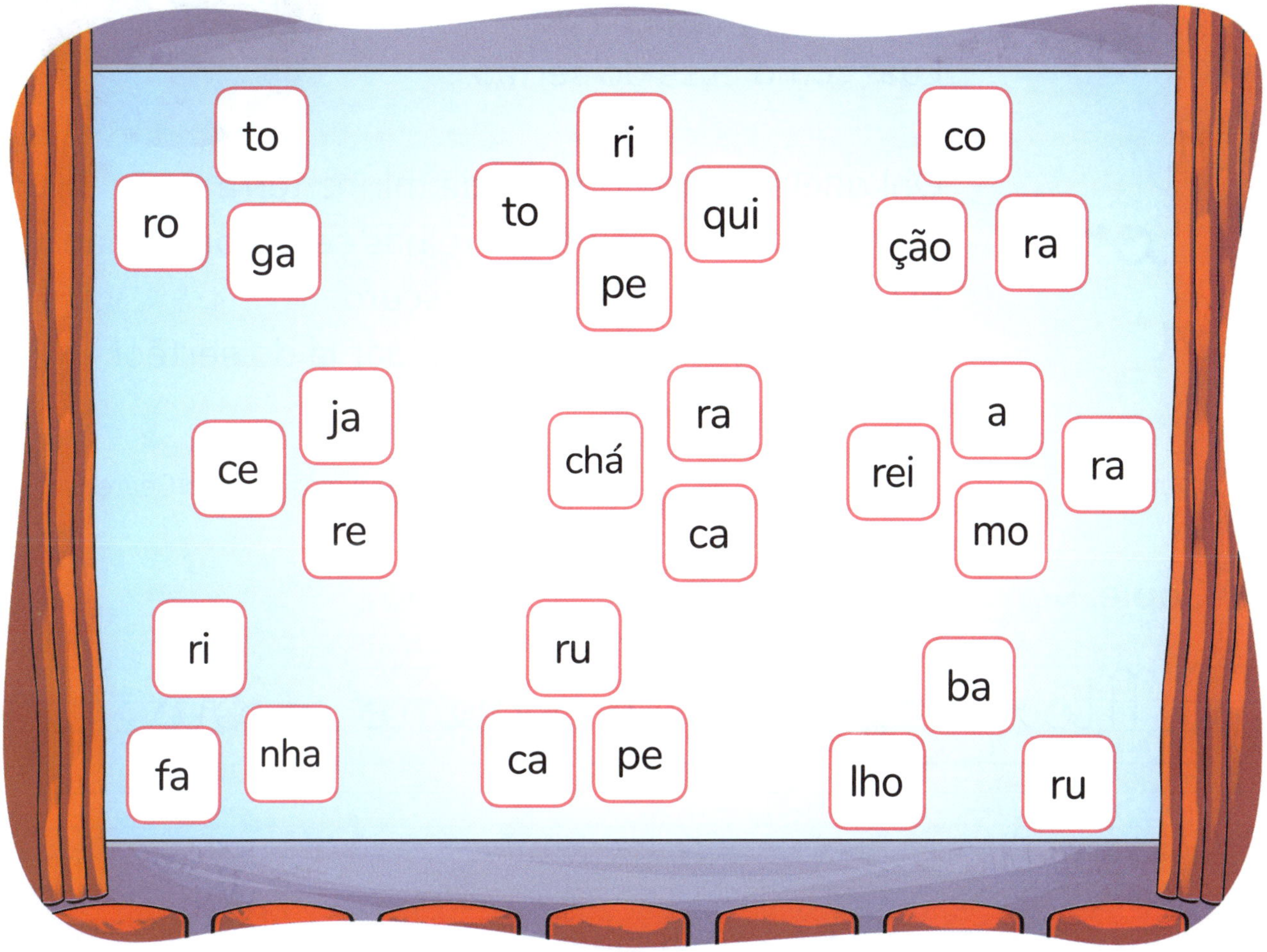

ar
er
ir
or
ur

Renata Mello/Pulsar Imagens

Não há, ó gente, ó não
Luar como esse do sertão.
Não há, ó gente, ó não
Luar como esse do sertão.

Oh! que saudade do luar da minha terra
Lá na serra branqueando folhas secas pelo chão.
Este luar cá da cidade tão escuro
Não tem aquela saudade do luar lá do sertão!
[...]

Catullo da Paixão Cearense

Copie.

Marta ficou no sereno para

ver o luar e só foi dormir

de madrugada, quando a

turma se dispersou.

Copie o texto, decifrando os enigmas que completam as frases.

Algumas  do

par +  – ijo estão com poucas

 porque estamos no

 . Quando chegar a

a estação das 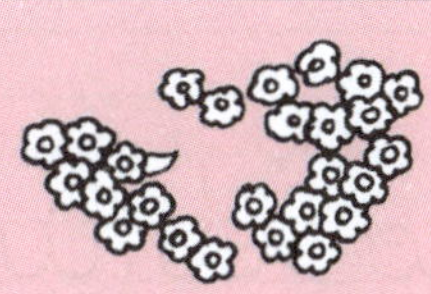 , ficarão

verdes e floridas.

br cr
dr
fr gr
pr
tr vr

Três-marias
três irmãs
todas elas
piscadeiras.
Brilham, brilham
de faceiras.
Brincos da noite
brincam de luz.
Meia-luz
quebra-luz
tapa-luz.

Quem não se seduz?
[...]

Dilan Camargo

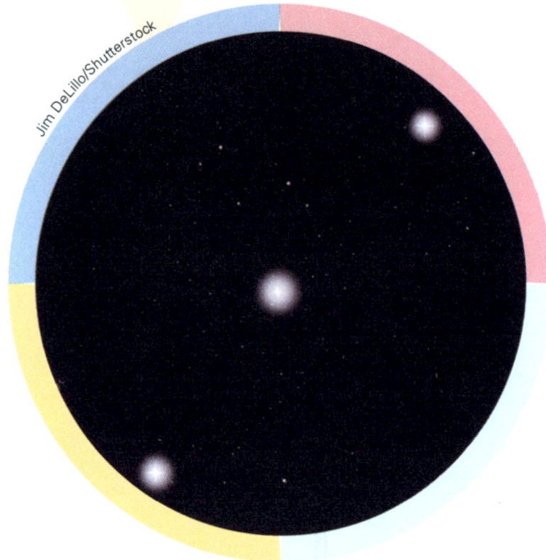
Jim DeLillo/Shutterstock

Copie, para completar o poema "Três-marias".

Três estrelinhas

bailarinas do Universo

com elas sempre converso

conto segredo

faço promessa

não aponto o dedo

sai berruga bem depressa.

Três-marias

três alegrias de olhar o céu.

Copie.

fruta

prédio

Brincando com as palavras

- Decifre os códigos que completam os provérbios. Depois, copie os provérbios, acentuando quando necessário.

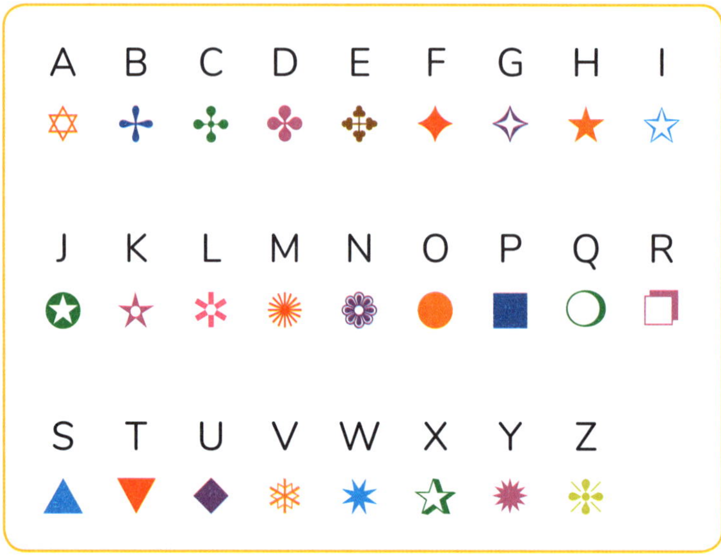

A mentira tem .

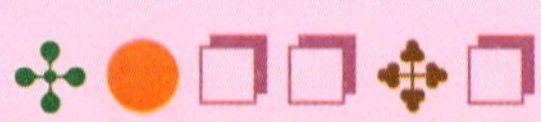 por gosto  cansa.

O ____________ é aquele

que não ____________.

Água mole em ____________

tanto bate até que ____________.

A ____________ é inimiga

da ____________.

ss

Passa, passa, passarinho,
Passa, passa, vai pro ninho.
Passa azul, passa azulão,
Passa pinhé, o gavião.
Passa sanhaço assanhado,
Passa ali o jacamim:
Olha-pra-mim! Olha-pra-mim!
[...]

Nery Reiner

Gemenacom/Shutterstock

Copie.

Pousados nos galhos da cássia,
os passarinhos enfeitam, com seu
canto e seus doces assovios,
o sossego do parque.

Procure e marque as 7 diferenças que encontrar. Depois, escreva cada uma delas nas linhas a seguir.

s – z entre vogais

Ines Calixto/Pulsar Imagens

A casinha da vovó
é coberta de cipó.
O café está demorando,
com certeza não tem pó.

Da tradição popular.

Copie.

A casa de Isabel e de Marisa é
cor-de-rosa e azul. De tardezinha,
sopra uma brisa suave e
refrescante que vem do mar.

Complete a cruzadinha com **Z** ou **S**. Depois, copie as palavras nas linhas.

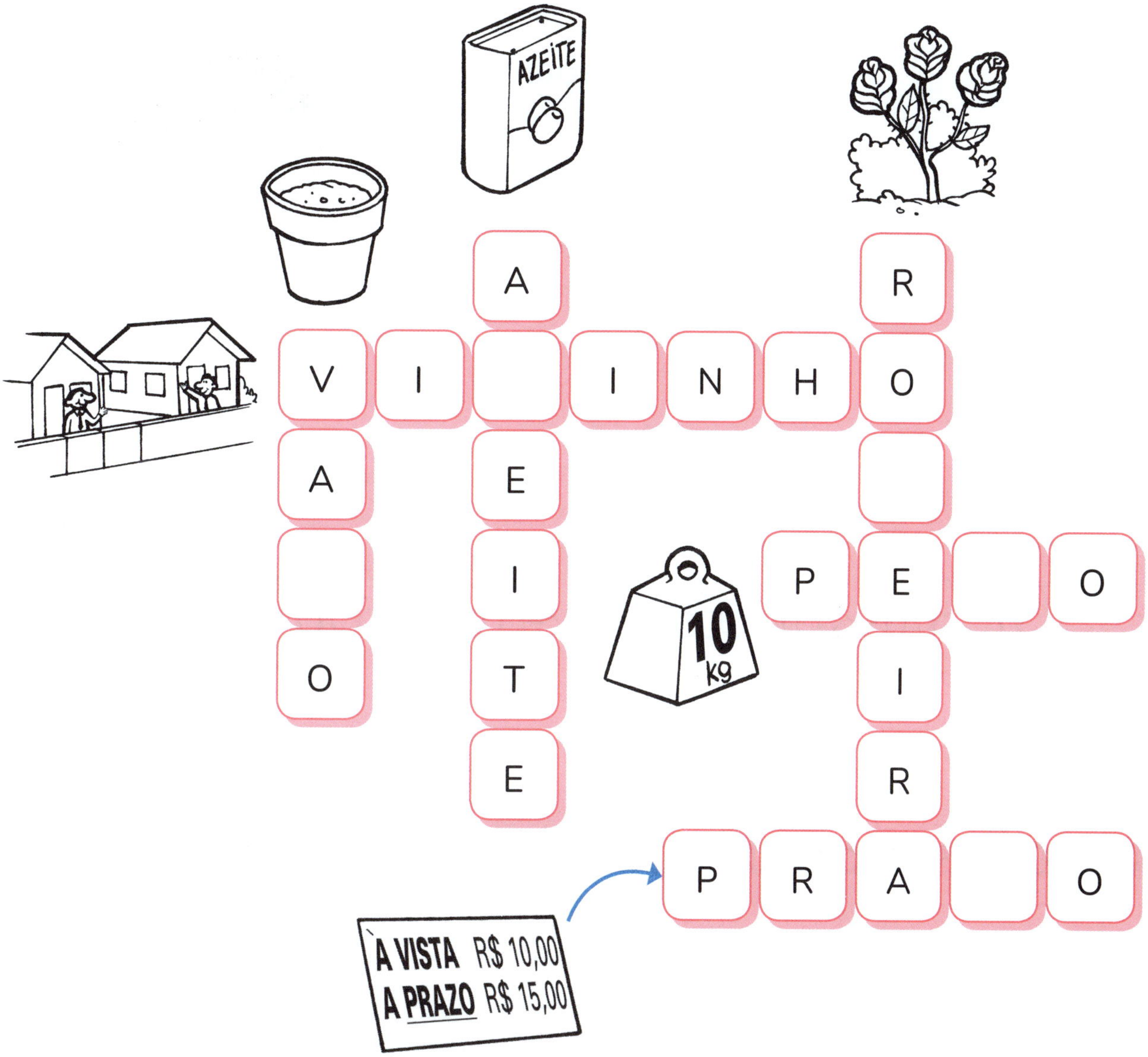

as

es

is

os

us

O que é, o que é?
Cintura fina,
perna alongada,
toca corneta
e leva bofetada?

Da tradição popular.

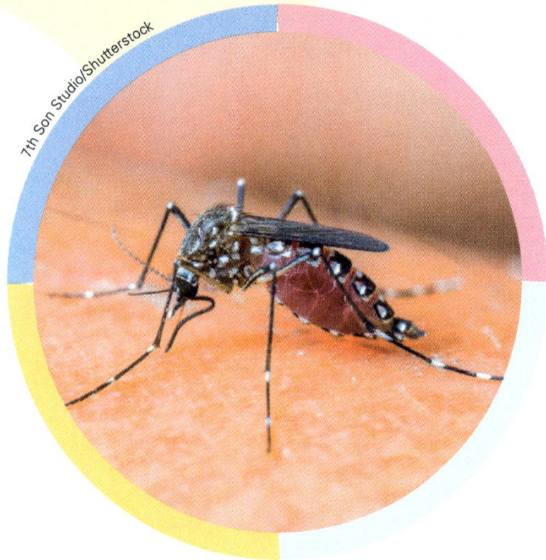

Copie.

Os mosquitos podem transmitir

várias doenças, como a dengue e a

febre amarela. Eles depositam

os ovos em água parada.

Por isso, é preciso ter cuidados

especiais para evitar que vasos,

latas e pneus velhos, entre outras

coisas, acumulem água.

Escreva no plural o nome das figuras.

Bola_BR/Shutterstock

Picsfive/Shutterstock

Bombaert Patrick/
Shutterstock

Africa Studio/Shutterstock

ajt/Shutterstock

Teresa Azevedo/
Shutterstock

az

ez

iz

oz

uz

Christian Wilkinson/Shutterstock

O albatroz é um pássaro marinho de porte robusto, cuja envergadura (abertura das asas de uma ponta a outra) pode alcançar 3,5 metros. Os albatrozes estão entre as maiores aves voadoras do mundo. De bico grande e afiado, alimentam-se de peixes e crustáceos. Espalham-se pelo oceano Atlântico e norte do oceano Pacífico. Parecem ser desajeitados na terra, mas são majestosos quando decolam e planam sobre o mar.

Copie.

O juiz Cruz, ao fugir de um

cão feroz, tropeçou em um rapaz

e por um triz não caiu,

mas se refez e seguiu feliz.

Escreva os nomes que terminam em vogal + z.

STILLFX/Shutterstock

Rob Wilson/Shutterstock

Natalia Mylova/Shutterstock

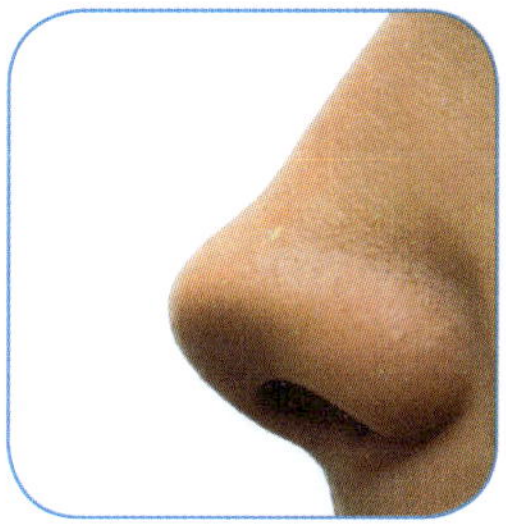

Schankz/Shutterstock

Maks Narodenko/ Shutterstock

Timmary/Shutterstock

leisuretime70/Shutterstock

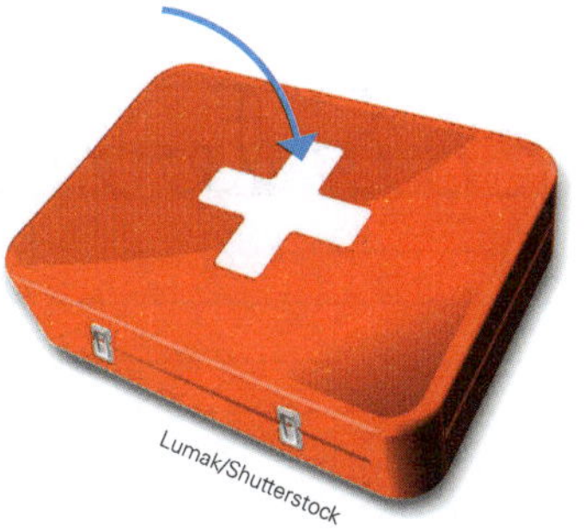

Lumak/Shutterstock

ce ci

ça

ço

çu

Xereta, o palhaço,
riscava um traço
no espaço,
parava no centro
do picadeiro,
braços e pernas abertos:
a luz azul iluminava o X
de roupas coloridas.

Nessa hora,
gostava de rodopiar,
de rodopiar, de rodopiar...
até virar mais uma estrela
no céu de lona do circo.

José De Nicola

Travelpixs/Alamy/Fotoarena

Copie.

Este palhaço não aborrece ninguém! É a alegria do circo e da criançada.

Ele canta, pula, bagunça

e gosta de dançar com

Doçura, sua parceira de

palhaçadas. Essa dupla não

é mesmo muito engraçada?

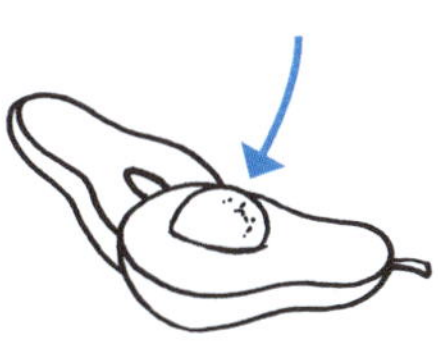

caroço

cinto

alface

moça

Brincando com as palavras

Preencha o diagrama com o nome das figuras. Depois, nas linhas da página ao lado, escreva as palavras formando pares que rimem.

C					S			L
		Z						
T				Ç				
		T				A		
C					Z			
		S		E				
C				Ç				
S			A					
	Á							
C								
	A							
S			Ã					
	A			Z				
X					Z			

HOJE
O MENINO
BIRUTINHA
O FILME

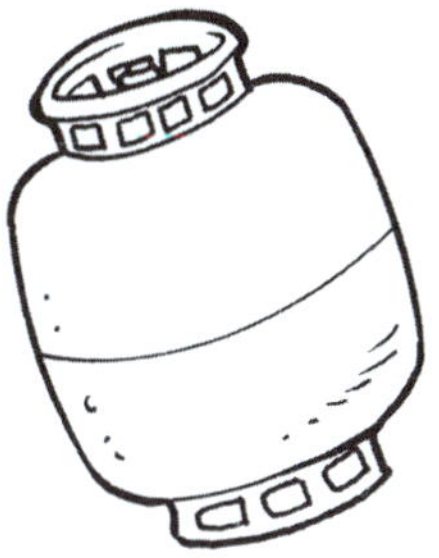

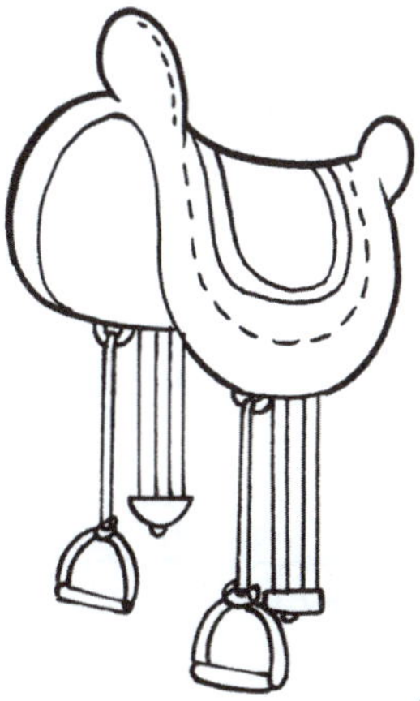

Sons do x

A garoa vai caindo
Devagarinho, de mansinho
Festejando a beleza
E transformando a natureza
As gotinhas vão se unindo
E me mostrando um novo caminho.

Copie.

Por que já não existe aquela
garoa que caía todas as noites,
sem exceção, sobre a cidade
de São Paulo? Qual será a
explicação? Com certeza, é um

reflexo da poluição. Por causa

da fumaça, a umidade que

vem do litoral não consegue se

aproximar da cidade.

exame	
auxílio	
exercício	
caxumba	
excelente	

sç

sc

Bola que desce.
Bola que foge.
Subo a ladeira.
Vou sem parar.

Quando eu crescer
Vou ser bem forte
Mas é a inteligência
que vai me guiar.

Copie.

Ontem nasceu meu irmão.

Tomara que ele cresça logo

para descer a ladeira de patinete

e brincar bastante comigo.

piscina

adolescente

florescer

Você já sabe o que quer ser quando crescer?
Copie a frase, completando-a com a profissão que você quiser.

Ainda não sei bem o que

vou ser quando crescer. Mas

acho que quero ser ,

porque

Encontros consonantais

O jipe do padre
fez um furo no pneu.
O jipe do padre
fez um furo no pneu.
O jipe do padre
fez um furo no pneu.
Consertamos com chiclete.

Da tradição popular.

Copie.

No rali, um carro teve
problemas técnicos perto do
bosque de eucaliptos porque a
montanha era íngreme demais.

Os pneus sofreram um forte

impacto e o motor foi submetido

a grande esforço. Todos os que

participaram do rali ficaram

muito decepcionados.

recepção

psicologia

apto

Brincando de forca

Vamos brincar de forca? Forme duplas e encontre as palavras.

E _ P _ _ N _ _ E

H _ R _ _ N _ A

D			I			Á			O

T		M			S				E

P		A			L		I		A

BIBLIOGRAFIA

CAMARGO, Dilan. *O embrulho do Getúlio*. São Paulo: Scipione, 2004.

CAPPARELLI, Sérgio. *111 poemas para crianças*. Porto Alegre: L&PM, 2007.

CEARENSE, Catullo da Paixão. Luar do sertão. In: ______. *Mata iluminada*. Rio de Janeiro: Bedeschi, 1946. Domínio público.

HEINE, Evelyn. *Poesias para crianças*. Blumenau: Todolivro, [s.d.].

JUNQUEIRA, Sonia. *Regina e o mágico*. São Paulo: Ática, 1998.

MURALHA, Sidónio. *A dança dos pica-paus*. São Paulo: Global, 2000.

NICOLA, José De. *Alfabetário*. São Paulo: Moderna, 2002.

REINER, Nery. *Passa, passa, passarinho*. São Paulo: Santuário, 1994.

SILVESTRIN, Ricardo. *Pequenas observações sobre a vida em outros planetas*. São Paulo: Salamandra, 2004.